LU 45 327.

RÉPONSE

A UN ÉCRIT INTITULÉ

CONDUITE ET RÉCLAMATION

DE LA GARDE,

Par PAUL,

SOLDAT DE L'EX-GARDE IMPÉRIALE.

La Mer tombe, s'affaisse et roule vers ses bords.
VOLTAIRE.

Par S. M...

A PARIS,

CHEZ MONGIE JEUNE, LIBRAIRE, GALERIE DE BOIS, PALAIS-ROYAL.

ET CHEZ CHARLES, IMPRIMEUR, RUE DAUPHINE, n°. 36.

1814.

RÉPONSE

A UN ÉCRIT INTITULÉ

CONDUITE ET RÉCLAMATION

DE LA GARDE.

Pour beaucoup d'individus, la révolution du 30 mars 1814 est arrivée vingt ans trop tard, parce qu'ils ont eu trop de temps pour se familiariser avec un esprit d'indépendance et d'ambition, qui ne leur permet plus de voir la plaie de l'Etat.

Les uns voudraient conserver la liberté de dévoiler publiquement aux yeux de la nation les abus de l'autorité, pour éviter la tyrannie; les autres craignent les inconvéniens de la liberté de la presse : quelles sont les opinions les mieux fondées ? voilà la grande question agitée dans l'assemblée des députés. Assez de têtes s'occupent de cet objet important; et je ne m'inquiète plus de la prévoyance des uns et des craintes des autres : le public est là, pour juger en dernier ressort les intentions de ses mandataires, les écrits des individus et les actes du gouvernement. Quelque résolution qu'on prenne sur cet objet, les libellistes et les dépositaires de l'autorité n'en seront pas moins jugés sévèrement par leurs contemporains, et par la postérité; tout se sait, tout s'imprime malgré les inquisiteurs de la pensée: le livre proscrit en France se réfugie sous les presses allemandes ou anglaises; et malheur tôt ou tard à celui dont les actions ont redouté le grand jour!

Tels écrivains s'élèvent aujourd'hui contre la liberté de la presse, qu'ils seraient peut-être les premiers à déclamer contre les entraves de la censure; il est probable que le gouvernement actuel ne soudoiera plus les journalistes pour mentir à l'univers, et qu'il ne souffrirait pas l'impunité des diatribes : aussi profite-t-on des momens où cette liberté est mise en question, pour publier tout ce qu'enfante le délire littéraire.

Cette réflexion n'est pas étrangère à mon sujet; une réclamation imprimée par un soldat me tombe sous la main; le titre m'intéresse; et, quoique retiré du service depuis vingt-cinq ans, l'habitude de faire droit à la juste demande des braves, m'engage à parcourir cet écrit. Je sais, par expérience, quelles sont les fatigues, les privations et les infortunes de l'état militaire; mais aussi je n'ignore pas jusques à quel point le fanatisme de l'honneur et de la gloire peut égarer l'amour propre.

Le favori de la Victoire oublie facilement qu'avant d'être soldat, il fut citoyen, et que, hors des combats, il doit cacher la férocité du guerrier sous les formes plus douces du paisible habitant des cités; et qu'enfin, si, dans les camps, il est permis de tout dire avec une certaine rudesse, il n'en est plus de même en rentrant dans la société : cet oubli est toujours le résultat des longues guerres. L'homme parvenu aux hautes dignités, à la pointe de son épée, se considère comme un être isolé de la société, auquel tout hommage est dû, le seul digne des honneurs, de la fortune, et devant qui tout doit plier : c'est à peu près la marche de l'esprit humain en général; et l'on a tous les jours la conviction de ce travers de l'amour propre.

Le sieur PAUL débute par établir qu'*exempt d'intrigues et de toute espèce de partis, un soldat ne connaît ni l'orgueil, ni la* BASSESSE *des cours;* le terme est dur : il applique, sans doute, le mot BASSESSE à ces êtres rampans, faux et flatteurs qui, approuvant les erreurs, et servant les passions d'un despote qui les enrichit, cachent constamment la vérité aux yeux et à l'oreille du tyran, pour régner à sa place : cette apostrophe ne peut être applicable qu'à la cour d'un usurpateur.

Le sieur Paul paraît être dans l'erreur, en disant que *la nation désigne un chef au soldat.* Dans un Etat monarchique, le Roi seul nomme les chefs de l'armée; la nation n'est point chargée de ce soin; à moins qu'il n'entende par-là, que la nation nomme le Roi, comme chef de l'armée: dans ce cas, le sieur PAUL ne serait plus *exempt de toute espèce de partis*, comme il l'établit dans son exorde. Cette question a dû lui être totalement étrangère, comme soldat; et vingt-cinq ans de malheurs ont pesé sur la France, pour avoir voulu l'agiter dans une assemblée de ses représentans. Poursuivons la réclamation.

Pendant vingt ans, la nation, en butte à diverses factions, nous a toujours trouvés dans le sentier de l'honneur. On n'a jamais refusé cette justice aux Français : l'empereur de Russie l'a proclamée publiquement. *Fidèles à sa cause, nous avons élevé de notre sang, au faîte des grandeurs militaires, les Moreau, les Pichegru, les Bernadotte.* M. PAUL est dans l'erreur, ces braves se sont élevés par leurs talens et leur courage; ils ont servi la patrie : mais, pour prix de leurs travaux et de leurs services, cette patrie, enchaînée sous un joug mortel pour tous ceux qui osaient vouloir le secouer, les a persécutés, proscrits, assassinés, pour servir l'ambition d'un étranger. Si Hoche a pacifié la Vendée, ce fut en l'exterminant, en y déployant de sang-froid toute l'atrocité des vengeances révolutionnaires, et la soumettant au joug sanguinaire des tyrans de la nation.

Quelle est donc cette fidélité à la patrie, qui sert indifféremment tous les genres d'anarchie? Le sieur PAUL pense-t-il qu'on doive maintenant lui savoir bon gré de sa fidélité sous *la convention*, sous *le directoire*, sous *le général Buonaparte*, sous *les consuls et l'empereur Napoléon*? Et n'aurait-ce pas été plus heureux pour l'Europe entière, qu'il eût été fidèle au meilleur des rois, ou à ses successeurs?

Napoléon proclamé par le peuple et l'armée! Quel est ce peuple qui proclama un tel empereur? est-ce vingt millions de Français, courbés sous les baïonnettes de ses sicaires? Et tout le monde ne sait-il pas que le soldat est toujours à celui qui le paye!!! Malheureux! par cette fidélité dont vous faites parade, vous n'avez servi, pendant vingt ans, que les crimes de l'anarchie et du despotisme! Vous avez laissé périr sur l'échafaud un Roi juste et bienfaisant, et avec lui l'élite de vos concitoyens; vous avez dévoré l'héritage de vos pères, et le sang de vos frères; vous avez dévasté l'Europe, pour servir l'ambition et la folie d'un aventurier : encore une heure de cette fidélité, et la scène de Moscou, répétée à Paris, ne faisait plus de votre patrie qu'un horrible monceau de cendres, que le squelette le plus hideux!

Vous vous apitoyez sur les derniers adieux de votre empereur! Vous en fit-il de semblables en Egypte, lorsque, désertant une armée épuisée par le climat et par ses revers, il s'enfuit pendant la nuit et disparut sur un vaisseau? Vous fit-il de tendres adieux, lorsqu'il vous abandonna mourans de faim et de froid dans les glaces du Nord? Vous a-t-il dit adieu sur les bords de la Bérésina, lorsque, pour se sauver, il sacrifia les tristes débris de la plus belle armée de l'Europe? Cessez, croyez-moi, de nous vanter votre héros; il ne peut être, aux yeux de tout homme sage, et ne sera jamais à ceux de la postérité, qu'un colosse d'orgueil couvert du sang et de l'or des Français!

Après une longue tirade d'éloges prodigués à Buonaparte, quelques commentaires politiques, et des ressouvenirs fâcheux, le sieur PAUL avoue que *les progrès* du NOUVEAU *parti*, c'està-dire, celui de la dynastie des Bourbons, qui date de deux siècles, *furent très-rapides* (le 31 mars dernier), *et que le peuple demeura tranquille.*

Voilà donc la volonté des Parisiens, qui se manifeste pour le rétablissement de leurs anciens rois sur le trône de France; mais comme Paris ne forme que la soixantième partie de la nation, et que l'assentiment des cinquante-neuf autres parties s'est manifesté de la manière la plus éclatante, même avant que cette nouvelle fût connue officiellement dans la plupart des grandes villes, on peut assurer, sans erreur, que le NOUVEAU *parti*, ce parti formé en 1593, en faveur d'Henri IV, était unanimement composé de tous les Français. Cette unanimité doit prouver au sieur Paul, que les Français étaient bien fatigués de la tyrannie de son héros, et qu'ils ont reçu Louis XVIII comme un présent du ciel, et le gage de la paix avec toutes les nations : paix bien désirée, et si nécessaire après un quart de siècle de calamités.

Voilà donc le véritable vœu de la nation accompli; et l'on ne peut se dissimuler, sans mentir à sa propre conscience, que le Roi ne soit bien légitimement nommé par le peuple. Le sieur Paul l'a senti, comme tout bon Français, puisqu'il *a reçu avec soumission la nomination du frère de Louis XVI au trône de France, et l'acte qui rappelait l'ancienne noblesse.*

Mais, s'il a connu également les paroles de paix du monarque, IL FAUT TOUT OUBLIER, TOUT PARDONNER, c'est à tort qu'il cherche à rappeler un fait qui s'est passé dans la Vendée, à l'époque où les factieux bouleversaient la France : il était tout naturel qu'à cette époque, comme à présent, le Roi, et tous les Français émigrés, tentassent tous les moyens de rentrer dans leur patrimoine; et, en bonne logique, ceux qui s'y opposaient, qui assassinaient juridiquement les restans, pour s'emparer de leurs biens, ne pouvaient paraître, à leurs yeux, que comme des révoltés. Si Cartouche et Mandrin avaient été assez forts pour voler, à main armée, quels noms le sieur PAUL leur aurait-il donnés ?

Le soldat souffre, et ne murmure jamais, dit le sieur Paul, tout en murmurant assez hautement! J'ai été dans les camps, et j'ai toujours entendu le soldat murmurer, même en ne souffrant pas : le seul jour exempt de murmures, est le jour d'une bataille.

Je conviens avec le sieur PAUL, que *la tenue de la Garde* devait *être triste et sévère,* en voyant nos ennemis vainqueurs, maîtres de la capitale. Quel est le Français qui n'a pas poussé un soupir de douleur, au spectacle de cent quatre-vingt mille étrangers campés dans nos murs ? Vingt-cinq ans de lauriers flétris en un seul jour !!! Voilà, sans doute, un très-grave sujet d'humiliation pour un peuple qui, la veille, faisait encore trembler son ennemi ! Mais, en recherchant les causes de cette étonnante révolution, et en considérant ses heureux résultats, peut-on, de bonne foi, regretter le règne orageux de celui qui l'a amenée, en accumulant les fautes les plus graves ?

Peut-être le sieur Paul a-t-il quelque raison de se plaindre, de n'avoir pas été choisi des premiers pour la garde de la personne du Roi. Mais il n'a pas observé, 1°. que ce n'est point par la contexture de sa réclamation qu'il peut parvenir à écarter la prévention, s'il en existe; et qu'on ne peut pénétrer, qu'on doit même respecter les motifs qui ont déterminé sur cet article la conduite du Roi.

2°. Que les rois, ne se dirigeant pas d'après la diversité des opinions individuelles, ne sont pas toujours libres de ne point adopter les anciens usages, qui ont existé, de toute antiquité, dans la maison de leurs aïeux; il est des pactes, des traités entre les divers gouvernemens, qui doivent être maintenus; telle est l'alliance des Suisses avec la maison de Bourbon: d'où résulte une garde suisse dans toutes les cours de cette maison.

3°. Que la défection des Gardes-Françaises envers l'infortuné Louis XVI, a été la plus terrible leçon pour les rois.

4°. Qu'à la suite d'une révolution, d'un caractère si extraordinaire, et surtout d'après la manière hardie, et le style singulier de la réclamation du sieur Paul, S. M. doit craindre que la discorde ne se perpétuât dans sa propre maison.

Il existe un cercle, plus ou moins grand, que les choses d'ici-bas ont à parcourir, dans un espace de temps plus ou moins étendu; le point du repos est celui d'où l'on part; on parcourt toute la circonférence dans une agitation perpétuelle, et l'on arrive enfin au point d'où l'on était parti! Telle la surface des mers, tranquille avant l'orage, s'agite au premier vent, s'élève en montagnes liquides; les ondes se succèdent tumultueusement, et semblent menacer la terre d'une submersion totale; mais le rivage, arrêtant ses efforts,

La mer tombe, s'affaisse et roule entre ses bords.

FIN.

www.ingramcontent.com/pod-product-compliance
Lightning Source LLC
Chambersburg PA
CBHW061615040426
42450CB00010B/2507